Ln 27 1227⁄5

( Cadet de Vaux

# ÉLOGE

## DE

## MONSIEUR LE NOIR,

Chevalier, Conseiller d'État Ordinaire, & au Conseil Royal, Président du Comité des Finances, Bibliothécaire du Roi, &c, &c.

Par M. Cadet de V..., Censeur Royal.

À PARIS,

DE L'IMPRIMERIE DE PH.-D. PIERRES,

Premier Imprimeur Ordinaire du Roi, &c.

M. DCC. LXXXVI.

---



# DISCOURS

*Prononcé au Comité du Collége de Pharmacie.*

Le 21 Juillet 1785.

## MESSIEURS,

Monfieur LE NOIR, pénétré de toute l'importance de notre Art, a donné à ce College l'exiftence honorable dont il jouit; c'eft ce Magiftrat qui a rappellé dans notre fein l'inftruction publique, qui a excité la plus vive émulation parmi nos Eleves. Nous nous réuniffions fouvent pour nous entretenir de fes bienfaits ; aujourd'hui ce fera

A

pour regretter la perte que nous faisons. M. Le Noir ne préfidera plus ces Séances Académiques que nous avions inftituées pour honorer fon ouvrage ; il ne fera plus l'objet de ces hommages publics que nous nous plaifions à lui rendre ; fa préfence n'encouragera plus nos travaux ; c'eft une autre main qui couronnera les fronts de nos jeunes athletes & leur décernera les prix que lui-même a fondés.

Vous m'avez chargé, comme étant plus particuliérement honoré des bontés de M. Le Noir, de faire parler en ce jour notre reconnoiffance & nos regrets ; mais il eft difficile de donner au difcours toute la chaleur d'un fentiment dont l'ame eft vivement pénétrée.

Le nom de M. Le Noir, ce nom fi cher à la Capitale, rappelle tout à la fois les idées d'humanité, de bienfaifance, de juftice, de bonté, d'amour pour des Lettres & des

( 3 )

Sciences. Les graces du Prince & l'eſtime
générale ont acquitté la dette publique;
mais l'imagination ſe plaît à ſe retracer les
inſtitutions ſalutaires que l'humanité a
conçues, que l'Homme d'Etat a exécutées,
& dont le Citoyen recueille les fruits.

Développons les parties de cet intéreſſant
Tableau.

Nous verrons, Meſſieurs, l'intervalle
qui ſépare Paris du Palais de nos Rois,
brillant d'une vive lumiere; on diroit un
jour de fête.

Dans le lointain des Temples élevés à
l'Eternel; ici, des Marchés aggrandis; là,
de nouveaux établis, & par-tout, la
Capitale, non pas faſtueuſement embellie,
mais enrichie de Monumens utiles auxquels
a préſidé l'économie ſi rarement appellée
à l'adminiſtration de la choſe publique.

Voyez plus loin fuir un monſtre hideux;

l'ufure, ce fléau des grandes fociétés, qui laiffe après elle dans les familles des plaies incurables ou de profondes cicatrices.

Le fleuve paroît étonné de voir fes eaux limpides s'échapper & rentrer fangeufes dans fon fein. En effet, l'homme a fixé fon habitation près des rivieres, pour jouir du bienfait de leurs eaux. Ce n'eft pas affez qu'elles fervent à le défalterer, à purifier fes vêtemens, à favorifer la communication de fes denrées, elles doivent encore fuppléer aux pluies, & entretenir par ce moyen la propreté dans les villes.

La Seine, au lieu de payer à la Capitale, cette partie du tribut qu'elle lui doit, portoit indolemment fes eaux à la mer. M. Le Noir appellant l'art à fon fecours, la force à fubvenir aux befoins publics & de ne retourner dans fon lit, qu'après avoir contribué à la falubrité de cette ville immenfe.

Mais je ne prétends point fixer ici les

regards fur tout ce qui affure à ce Magiftrat des droits à une reconnoiffance éternelle. Laiffons à d'autres le foin de célébrer ce qu'il a fait pour les Arts & le Commerce. Je viens de prononcer le mot de falubrité; arrêtons-nous-y un moment. Cette partie de l'admi-niftration de M. Le Noir eft du reffort des Sciences; les Membres de ce College ayant été affez heureux pour feconder le zèle de ce Magiftrat, elle tient à quelques égards à notre propre hiftoire.

Jamais la Police n'avoit imaginé de prof-crire l'ufage des Pots au Lait de cuivre, des Balances de ce métal dont fe fervoient les Débitans de fel & de tabac, des Tables de plomb dont étoient recouverts les comptoirs des Marchands de vin. M. Le Noir eft le premier qui ait porté un œil attentif fur ces objets qui intéreffent fi effentiellement la vie des citoyens.

Le lait, cette liqueur nourriciere de l'en-fance, l'aliment affez habituel d'un fexe

foible & délicat, tranſporté dans des vaiſ-
ſeaux de cuivre, exerçoit ſur ce métal une
action continue , comme fluide , comme
tendant à l'aſceſcence, enfin comme corps
gras ; enſorte que le lait placé au premier
rang des contre-poiſons , étoit devenu lui-
même un poiſon.

Le peuple, qui cherche & qui trouve dans
le vin le conſolateur de ſes peines & le
reſtaurateur de ſes forces épuiſées par le
travail , ne s'abreuvera plus d'une liqueur
ſaturée de la diſſolution du plomb ; liqueur
d'autant plus perfide , que ce poiſon eſt
maſqué par une ſaveur douce & ſucrée qui
flatte le goût, en même tems qu'elle irrite
la ſoif.

Les ſuites funeſtes de cet uſage intérieur
du plomb, étoient la colique de Poitou qui
fait ſuccéder à l'atrocité des douleurs une
longue mort, la paralyſie, le plus redoutable
des accidens pour l'homme obligé de gagner
ſon pain à la ſueur de ſon front. La loi pro-

nonçoit les peines les plus rigoureuſes contre l'introduction des chaux de plomb dans le vin, & elle laiſſoit ſubſiſter l'abus ſous une autre forme.

M. Le Noir porta dans le même tems ſon attention ſur l'Etamage des uſtenſiles de cuivre. Une couche d'étain d'une épaiſſeur à peine ſenſible eſt le mur que la prudence humaine éleve entre la vie & la mort ; encore accuſoit-on l'étain de receler une quantité d'arſenic ſuffiſante pour préjudicier à la ſanté : il n'en eſt rien.

On reſſuſcitoit au milieu de la Capitale les cendrées de plomb. Les vapeurs peſantes de ce métal enveloppoient les habitations voiſines d'un nuage empoiſonné. Il fallut lutter contre des intérêts particuliets, qui s'oppoſoient à la tranſlation de ces uſines hors & l'enceinte des murs. Maintenant elles y ſont transférées.

Paris, dont le terrain eſt remanié depuis des ſiécles par la main des hommes, eſt aſſis ſur un ſol, en partie excavé, en partie méphitique. M. Le Noir a créé une branche d'adminiſtration dont l'objet étoit de raſſurer les propriétés & la vie des Citoyens, enſorte que l'habitant tranquille dans ſes foyers, ignoroit que l'on veillât à ſa conſervation.

Si le courage, celui qui nous porte à af-fronter des dangers, pouvoit ajouter quelque choſe aux vertus douces & paiſibles de la Magiſtrature, je vanterois celui que M. Le Noir montroit, dans ces voyages ſouter-rains, en ſe tranſportant toujours où le dan-ger étoit le plus imminent. Lorſqu'il s'agiſſoit de la conſervation des citoyens, & ſavoit expoſer généreuſement la ſienne.

Paris étoit couronné par des montagnes que l'habitant, libre de ſes travaux, alloit gravir pour reſpirer un air pur, & jouir du coup-d'œil qu'offre cette Ville immenſe:

en

en un inftant , on vit un jour une de ces montagnes fe changer en un abîme. Une famille entiere y eft enfevelie. Malheur, d'autant plus affligeant pour le cœur de ce Magiftrat, que fa prudence avoit déja arrêté que toutes ces éminences feroient applanies, & bientôt ce projet fut exécuté.

Celles de nos habitations , qui ne pofent pas fur un fol excavé , pofent fur un fol méphitique. Tel palais a fa bafe fur un cloaque, & les fiècles ne peuvent par- vénir à dénaturer ces dépôts d'anciennes immondices ; enforte qu'en faifant une ex- cavation dans de pareils terreins , c'eft fon tombeau que l'ouvrier creufe. Ces fouilles, la vuidange des foffes d'aifance, le curement des puits , immoloient annuellement un nombre confidérable de victimes. L'homme mort, on bouchoit le gouffre , pour le rou- vrir au befoin, fans nulle précaution.

Frappé de la multiplicité de ces accidens,

& fur-tout de l'indifférence coupable avec laquelle on les confidéroit , le Magiftrat voulut y remédier. Il invoque la Phyfique. Elle feule pouvoit, dans cette circonftance, devenir la protectrice de l'humanité ; mais elle avoit jufques-là dédaigné de pareils travaux qu'a depuis ennoblis leur importance. Il falloit du zèle, du courage, & c'eft à des Membres de ce College que M. Le Noir s'adreffa. Ils propoferent l'ufage du feu & de la chaux vive ; & dès-lors, il n'a pas péri un feul homme. Depuis, les fociétés favantes fe font occupées de cet objet, mais leurs lumieres n'ont rien ajouté à l'efficacité de ces deux agens, deftructeurs puiffans du méphitifme.

Le peuple ne croit pas aux dangers qui ne frappent point fes fens ; il met de l'amour-propre à les affronter & à ne leur oppofer aucune précaution. L'afphyxie eft fouvent la fuite de cette imprudence. Il falloit que des événemens malheureux devinffent d'u-

tiles leçons; en conféquence on ne tranf-
portait plus les afphyxiés dans les hôpitaux,
ils furent portés chez eux, & foignés aux
dépens de la chofe publique ; le premier
venu n'avoit pas le droit de s'emparer du
traitement. Il eft réfulté de-là d'heureufes
obfervations. L'expérience a prouvé que les
acides, les æthers, les purgatifs, étoient
les feuls remedes auxquels il fallut recourir ;
que l'afphyxie étoit une apoplexie fcorbu-
tique, & que la faignée autrefois fi prodiguée
en pareil cas éternife les accidens, fi elle ne
devient pas homicide.

Il ne fuffifoit pas d'avoir créé des *moyens*
*qui commandaffent à la vie & à la mort,*
pour me fervir de l'expreffion du célebre
Abbé Fontana, il falloit les répandre. M.
Le Noir fit publier à cet effet un Catéchifme
fur les Afphyxies , ouvrage traduit dans
toutes les Langues , & dont dix éditions
rapidement enlevées prouvent affez l'importance.

Les environs de la Capitale étoient jonchés de débris d'animaux dont la chair déguisée par divers affaisonnemens, ne devenoit que trop souvent, par un commerce illicite, la nourriture du peuple. La facilité d'échapper à la loi la rendoit nulle, lorsque furent établies les Fosses Vétérinaires, dans lesquelles ces mêmes chairs, enterrées & consommées par la chaux, deviennent moins nuisibles à la salubrité de l'air que ne le font nos propres cimetieres.

Ce mot, Messieurs, vous rappelle un événement important d'une Administration dont vous vous plaisez à voir esquisser les traits, & je ne m'arrête qu'à ceux qui sont plus particulierement de notre ressort. C'est envain que la Religion fortifiée de l'autorité sacrée des Conciles, que la volonté du Monarque, revêtüe du caractere imposant des Loix, que le vœu des Citoyens proscrivoient les Sépultures de l'intérieur de la

Capitale, les Miniſtres des Autels réſiſtoient, lorſqu'enfin le terrein du cimetiere des Innocens ſaturé, en quelque ſorte, ſe refuſa à la conſommation de nouveaux cadavres.

Il étoit deſtiné à la ſépulture de vingt-deux Paroiſſes, & recevoit annuellement la dépouille mortelle de deux ou trois mille ames. Le terrein exhauſſé de pluſieurs pieds par ces débris de l'humanité, fatigué, uſé, inonda les maiſons voiſines de méphitiſme. Il ceſſa de s'annoncer ſous forme de vapeurs ; une humidité cadavéreuſe, formant le poiſon le plus énergique dont on ait l'idée, pénétra les murs, & rendit impratiquables les caves de cinq de ces maiſons. Le zèle de M. Le Noir s'enflamma. Jamais on ne fut plus ſobre de l'autorité que ne l'a été ce Magiſtrat ; il y eut recours pour cette fois. Le cimetiere des Innocens fut fermé, & ces ſépultures antiques qui réuniſſoient ſous une toiſe de ſuperficie des ſiècles de générations, furent renverſées.

Mais quittons les fépultures des morts, & marchons vers les tombeaux des vivans, dans l'intérieur des Hôpitaux, des Maifons de force & des Prifons; c'eft la mifere & le crime, enfans de l'oifiveté, qui conduifent dans ces afyles, & cependant l'homme renfermé dans leurs enceintes, y demeuroit oifif, & en fortoit pire mille fois qu'il n'y étoit entré. M. Le Noir y appelle le travail; il fait plus, il trouve l'art d'en faire une récompenfe; & c'en eft une aujourd'hui pour les prifonniers de Bicêtre, que de travailler au poli des Glaces, & de s'atteler volontairement aux bras du levier de la Machine deftinée à élever l'eau, que des chevaux faifoient autrefois mouvoir.

Le premier fruit du travail eft la fanté; le prifonnier y trouve d'ailleurs une diftraction à la perte de fa liberté. Le falaire qu'il obtient lui procure des douceurs, & lui ménage des épargnes, qui jointes à l'habitude qu'il a contractée du travail, le mettent dans le cas de fuir le crime, lorsque le terme de sa détention est arrivé. Ainsi tel individu qui auroit été, il y a dix ans, au sortir de cette Maison de force, s'établir près d'un grand chemin pour y attaquer les voyageurs, retourne aujourd'hui à la charrue de ses peres qu'il avoit abandonnée, & revenu de ses anciennes erreurs, il finit par devenir un citoyen. Les passions sont au moral ce que sont au physique les maladies violentes ; on peut en guérir ; & c'est à ce siècle, c'est à ce Magistrat qu'on sera redevable de l'heureuse application de ce remède.

Les détails de la révolution que M. Le Noir a opérée dans la Boulangerie, dont les procédés sont si anciens & l'art si nouveau trouvent naturellement ici leur place. Des épidémies fréquentes exerçoient leurs ravages dans l'intérieur des hôpitaux & des prisons ; on consultoit, & c'étoit le pain qu'on accusoit. Il occasionnoit souvent des révoltes, épidémies morales qui troubloient l'ordre de ces enceintes & compromettoient quelquefois la sûreté publique. Le Magiftrat eut à lutter contre l'ufage & contre les préjugés qui confacrent les abus. Ce ne fut pas l'autorité qu'il employa dans cette circonftance, mais la perfuafion; & le pain fut changé.

Bientôt les Prifons & le Dépôt jouirent du même avantage; de ce moment, l'infortuné, le coupable ne fe nourriffent plus que d'un pain d'excellente qualité, & la tranquillité ceffa d'être* troublée dans ces afyles du malheur.

L'Ecole de Boulangerie fut établie à cette époque; ce n'étoit plus la Capitale que le Magiftrat avoit en vue. La feule révolution qu'il y eût à opérer, étoit confommée; on n'y connoiffoit plus que de bon pain. Mais M. Le Noir fentit toute l'importance d'un Tribunal auquel toutes les adminiftrations, tous les départemens puffent s'adreffer avec confiance; en effet bientôt l'Ecole de Boulangerie

langerie fut confultée de toutes parts. Les Provinces, les Pays d'états, les Nations étrangeres même recoururent aux lumieres du Comité; enfin, c'eft l'Ecole de Boulangerie, ce font fes fuccès qui ont réveillé l'attention générale fur les objets économiques.

Mais, Meffieurs, rentrons dans le fein de la Capitale, & parcourons encore quelques-uns des Etabliffemens dont on eft redevable à M. Le Noir; ce fera prolonger vos jouiffances.

Chaque année a vu fous l'adminiftration de ce Magiftrat, éclore de nouveaux genres de fecours. Là, où le luxe eft fans bornes, la mifere eft affreufe. C'eft dans les Capitales que ces extrêmes fe touchent. Les femmes, à l'entretien defquelles l'emploi de tout leur tems ne peut fuffire, vu la modicité des falaires, fur-tout lorfque l'âge épuife leurs forces, les femmes, dis-je, n'ont d'autre reffource que la mendicité.

C

M. Le Noir a établi un Bureau de Filature, où l'enfance & la vieilleffe trouvent du travail; la main-d'œuvre y eft payée beaucoup au-delà de fa valeur. C'eft une véritable aumône; mais elle n'eft plus le prix de l'oifiveté, & par-là tous les individus de ce fexe peuvent fe fouftraire à la mendicité.

La rage eft une maladie dont le nom glace d'effroi & qui fera réduite long-tems encore à l'empirifme. M. Le Noir voulant fubftituer une pratique éclairée à cet amas de recettes incertaines, prefcrites contre la rage, fe propofa d'établir un Hofpice Anti-hydrophobique, où tous les hommes mordus d'animaux enragés, feroient amenés de vingt lieues à la ronde, pour y être traités aux frais du Roi. M. le Prince de Montbarrey, alors Miniftre de la Guerre, accueillit cette idée; une Maifon Royale fut deftinée à former l'Hofpice; malheureufement le zèle du Miniftre & du Magiftrat demeurèrent fans ef-

set; le Magiſtrat propoſa un Prix ſur ce ſu-
jet; mais un volume de Diſſertations ne vaut
pas ce qu'on avoit droit d'attendre des
ſecours & des lumieres qu'auroit procurés par
l'expérience l'Hoſpice Anti-hydrophobique.

Les Hoſpices particuliers ſe ſont multi-
pliés dans Paris, ſous l'adminiſtration &
par le concours de M. Le Noir. Les Hôpitaux
ont été ſoulagés, en raiſon du nombre de
ces Etabliſſemens, & le citoyen pauvre n'eſt
plus forcé, là où ils exiſtent, d'aller parta-
ger la couche du vagabond, admis comme
lui & ſans aucune diſtinction, aux ſecours
de la pitié publique, quelquefois plus
affreuſe qu'un entier abandon.

Mais un de ces Hoſpices, deſtiné à
l'allaitement des Femmes enceintes, atta-
quées du vice vénérien, eſt ſpécialement
l'ouvrage de M. Le Noir, qui ſeul en a
conçu l'idée & l'a exécutée.

Sur mille individus qui naiſſent infectés de ce levain , pas un n'atteint l'âge de puberté. Il a puiſé dans le même ſein & l'exiſtence & la mort. L'enfant eſt immolé au libertinage de ſes peres; heureux, quand il ne porte pas la contagion dans les campagnes, infectant la nourrice qui l'allaite & l'infortuné qui partage avec lui le lait maternel. C'eſt ainſi, que la nature l'ordonne. M. Le Noir en a ordonné autrement. Aujourd'hui la vie de ces enfans, de ces victimes innocentes eſt rentrée dans la claſſe des probabilités de la vie pour l'enfance.

Cette inſtitution , Meſſieurs , porte le caractère des beaux ſiècles de la Religion. Mais que dis-je ? dans les mêmes ſiècles les loix banniſſoient de l'enceinte des villes les infortunés attaqués du vice vénérien. Ici, une main ſecourable trouble la piſcine, & les invite à venir s'y plonger.

Dans ces lieux conſacrés par la Religion, il me ſemble voir l'humanité élever un autel à côté de celui que M. Le Noir élevoit au Tout-puissant. Sur celui-ci repose la Foi, sur celui-là la Charité, & l'infortuné, après avoir adoré sur l'un l'Eternel, vient sur l'autre bénir son généreux Bienfaiteur, & le baigner des larmes de la reconnoissance,

FIN.

www.ingramcontent.com/pod-product-compliance
Lightning Source LLC
Chambersburg PA
CBHW061823060726
47597CB00008B/3326